Spooky Tales for Italian Language Learners: Bilingual Halloween Stories in Italian and English

Coledown Bilingual Books

Published by Coledown Bilingual Books, 2023.

While every precaution has been taken in the preparation of this book, the publisher assumes no responsibility for errors or omissions, or for damages resulting from the use of the information contained herein.

SPOOKY TALES FOR ITALIAN LANGUAGE LEARNERS: BILINGUAL HALLOWEEN STORIES IN ITALIAN AND ENGLISH

First edition. October 25, 2023.

Copyright © 2023 Coledown Bilingual Books.

ISBN: 979-8223142775

Written by Coledown Bilingual Books.

Table of Contents

La Notte delle Streghe: Un'Avventura di Halloween

Una fredda notte d'autunno, la luna splendeva nel cielo scuro, e le foglie danzavano nel vento. Era la notte di Halloween, la notte delle streghe.

Nel piccolo villaggio di Halloweenia, i bambini erano eccitati. Si stavano preparando per la notte magica, quando le streghe e i fantasmi si radunavano per divertirsi.

La piccola Sofia era determinata a essere la strega più coraggiosa del villaggio. Aveva passato settimane a preparare il suo costume, e ora sembrava una strega vera, con il suo cappello nero e la scopa magica. Sofia sapeva che le streghe vere avevano una scopa magica, e lei ne aveva una, anche se non era proprio magica.

Sofia si unì alla parata di Halloween, insieme ai suoi amici, Luca e Martina. Gli adulti si unirono alla festa, travestiti da fantasmi, zucche e vampiri. C'erano zucche intagliate con sorrisi spaventosi e dolci sparsi ovunque.

Mentre la notte si faceva sempre più buia, Sofia e i suoi amici decisero di andare a cercare dolcetti. Bussarono alle porte delle case decorate con zucche luminose e chiesero "dolcetto o scherzetto?".

Alla terza casa, un anziano signore con un cappello da mago aprì la porta. "Dolcetto o scherzetto?" chiesero i bambini.

Il mago sorrise e disse: "Ho una sfida per voi. Se riuscite a risolvere l'enigma magico, avrete dolcetti speciali."

I bambini accettarono la sfida e il mago disse loro l'enigma:

"Nella notte delle streghe, tra zucche e stelle,

Vi chiedo di trovare cosa brilla nelle tenebre.

È nera come la notte, ma splende come il giorno,

È il sogno di ogni strega, un gioiello che fa onore."

I bambini si guardarono l'un l'altro, pensando all'enigma. Sofia ricordò che sua nonna le aveva raccontato di un misterioso gioiello magico che le streghe cercavano da generazioni.

Corsero attraverso il villaggio, seguendo le tracce delle streghe. Alla fine, arrivarono in una foresta oscura, dove le streghe avevano radunato un circolo magico. Al centro c'era una piccola zuccheriera nera che brillava come le stelle.

Sofia comprese che quella doveva essere la risposta all'enigma. Prese la zuccheriera e la portò al mago.

Il mago sorrise e disse: "Hai risolto l'enigma, giovane strega. Come premio, puoi tenere questa zuccheriera magica."

Sofia e i suoi amici tornarono al villaggio con la zuccheriera. Quando la aprirono, trovarono dolcetti magici che li riempirono di gioia. La notte di Halloween si rivelò un'avventura indimenticabile per loro.

Mentre il sole sorgeva e la notte delle streghe giungeva al termine, Sofia e i suoi amici tornarono a casa, sorridenti e felici di aver vissuto una notte magica.

E così finisce la storia di Sofia e la notte delle streghe, un'entusiasmante avventura di Halloween che insegnò loro il vero significato di coraggio e amicizia.

Buon Halloween a tutti, e che le vostre notti siano piene di magia e dolcetti speciali!

The Night of Witches: A Halloween Adventure

On a chilly autumn night, the moon shone in the dark sky, and leaves danced in the wind. It was Halloween night, the night of the witches.

In the small village of Halloweentown, children were excited. They were getting ready for the magical night when witches and ghosts gathered to have fun.

Little Sofia was determined to be the bravest witch in the village. She had spent weeks preparing her costume, and now she looked like a real witch, with her black hat and a magical broom. Sofia knew that real witches had a magic broom, and she had one, even though it wasn't exactly magical.

Sofia joined the Halloween parade with her friends, Luca and Martina. The adults also joined the festivities, dressed as ghosts, pumpkins, and vampires. There were pumpkins carved with spooky smiles and sweets scattered everywhere.

As the night grew darker, Sofia and her friends decided to go trick-or-treating. They knocked on the doors of houses decorated with glowing pumpkins and asked, "Trick or treat?"

At the third house, an elderly man with a wizard's hat opened the door. "Trick or treat?" the children asked.

The wizard smiled and said, "I have a challenge for you. If you can solve the magic riddle, you'll get special treats."

The children accepted the challenge, and the wizard gave them the riddle:

"On the night of the witches, 'midst pumpkins and stars so bright,

I ask you to find what gleams in the darkest night.

It's black as the night but shines like the day,

The dream of every witch, a gem that holds sway."

The children looked at each other, pondering the riddle. Sofia remembered her grandmother telling her about a mysterious magic gem that witches had sought for generations.

They raced through the village, following the traces of the witches. Finally, they arrived in a dark forest, where the witches had gathered in a magical circle. In the center was a small black sugar bowl that sparkled like the stars.

Sofia realized that this must be the answer to the riddle. She took the sugar bowl and brought it back to the wizard.

The wizard smiled and said, "You've solved the riddle, young witch. As a reward, you can keep this magical sugar bowl."

Sofia and her friends returned to the village with the sugar bowl. When they opened it, they found magical treats that filled them with joy. Halloween night turned out to be an unforgettable adventure for them.

As the sun rose and the night of the witches came to an end, Sofia and her friends returned home, smiling and happy to have experienced a magical night.

And so ends the story of Sofia and the Night of Witches, an exciting Halloween adventure that taught them the true meaning of courage and friendship.

Happy Halloween to all, and may your nights be filled with magic and special treats!

L'Incantesimo di Halloween

In una notte di Halloween in un piccolo villaggio chiamato Folliafestiva, l'aria era carica di magia e mistero. La luna piena brillava nel cielo notturno, mentre le foglie secche danzavano nel vento, creando un'atmosfera perfetta per una notte di stregoneria e avventure.

Nel cuore di Folliafestiva c'era una vecchia casa abbandonata che si diceva fosse infestata. Nessuno aveva osato avvicinarsi a quella casa per anni, ma quella notte, quattro coraggiosi amici, Marco, Lisa, Carlo e Sofia, avevano deciso di sfidare la leggenda e scoprire cosa nascondeva veramente la casa.

I quattro si erano preparati accuratamente per l'occasione. Indossavano costumi da streghe e fantasmi, e avevano con loro candele, bacchette magiche giocattolo e un vecchio libro di incantesimi che avevano trovato in soffitta. Erano pronti per qualsiasi cosa.

Quando arrivarono davanti alla casa abbandonata, sembrava ancora più spaventosa di quanto avessero immaginato. Le finestre erano rotte, e le tenebre la circondavano come un mantello oscuro. Le foglie secche si erano accumulate sull'ingresso, rendendo il passaggio incerto.

Con il cuore che batteva veloce, Marco si avvicinò alla porta d'ingresso e disse con voce tremante: "Dovremmo davvero farlo?"

Lisa, la più coraggiosa del gruppo, rispose con determinazione: "È Halloween, e questa è l'occasione perfetta per un'avventura spaventosa. Forse scopriremo qualcosa di interessante."

Con una luce tremolante, accesero le candele e entrarono con cautela nella casa. Ogni cigolio e ogni ombra sembravano raccontare storie di fantasmi e incantesimi antichi.

Nel salone principale, trovarono una grande libreria piena di polvere e ragnatele. Sfogliando i vecchi libri, Marco notò uno strano tomo di incantesimi con una copertina dorata. Sofia prese il libro e lo aprì con curiosità.

All'interno, scoprirono incantesimi di ogni genere, dalla trasformazione alla levitazione. Mentre stavano sfogliando le pagine, Carlo si fermò su una pagina con un incantesimo che catturò la loro attenzione. Era l'Incantesimo di Halloween, un incantesimo che si diceva portasse in vita creature misteriose e strane durante la notte di Halloween.

Decisero di provare l'incantesimo, pensando che fosse solo una leggenda. Seguirono le istruzioni del libro, recitando le parole misteriose e agitando le bacchette magiche giocattolo. Nel giro di un attimo, l'atmosfera intorno a loro cambiò. L'aria si riempì di una magia palpabile, e sentirono un brivido correre lungo la loro pelle.

Nel bel mezzo del salone, davanti ai loro occhi increduli, cominciarono a materializzarsi creature di Halloween. C'erano zucche animate con sorrisi malefici, fantasmi danzanti e scheletri che ballavano al ritmo di una musica misteriosa.

Marco, Lisa, Carlo e Sofia erano sbalorditi. Quell'incantesimo aveva davvero funzionato. Mentre guardavano le creature di Halloween danzare e ridere, si resero conto che avevano fatto una scoperta incredibile.

Tuttavia, la magia dell'incantesimo iniziò a sfuggire loro di mano. Le creature di Halloween iniziarono a comportarsi in modo strano e a diventare incontrollabili. Le zucche animate iniziarono a lanciare dolci come proiettili, i fantasmi scomparvero e riapparvero con un risolino malefico, e gli scheletri ballarono in modo così selvaggio che rischiarono di distruggere la casa.

I quattro amici capirono che dovevano fare qualcosa per riportare tutto alla normalità prima che la situazione si facesse fuori controllo. Lisa prese in mano il libro di incantesimi e cercò l'incantesimo per annullare quello di Halloween. Trovò l'incantesimo giusto, ma recitarlo sarebbe stato difficile mentre le creature impazzivano intorno a loro.

Con grande coraggio, Sofia prese la bacchetta magica giocattolo e iniziò a dirigere le creature verso un angolo della stanza. Marco, Lisa e Carlo si unirono a lei, cercando di calmare le creature e impedendo loro di fare ulteriori danni.

Nel frattempo, Sofia recitò l'incantesimo di annullamento con una voce ferma e sicura. Con un bagliore misterioso, le creature di Halloween iniziarono a dissolversi nell'aria, una dopo l'altra. Quando l'ultimo fantasma scomparve, l'atmosfera tornò alla normalità, e la casa fu silenziosa come prima.

I quattro amici erano esausti ma felici. Avevano riportato la tranquillità nella casa abbandonata e avevano imparato a rispettare la magia e a essere cauti nelle loro avventure. Chi sa cosa sarebbe potuto accadere se le creature di Halloween fossero rimaste in libertà per troppo tempo.

Ritornarono alla loro vita quotidiana, ma quella notte spaventosa e misteriosa li aveva cambiati per sempre. Avevano scoperto che la magia esiste veramente, ma che bisogna trattarla con rispetto e cautela.

E così, mentre la luna piena splendeva nel cielo, i quattro amici tornarono a casa, sapendo che avevano vissuto una notte magica e avevano condiviso un'esperienza unica che li avrebbe legati per sempre.

La casa abbandonata di Folliafestiva rimase un luogo di mistero, ma ora Marco, Lisa, Carlo e Sofia avevano una storia incredibile da raccontare a chiunque volesse ascoltare, una storia che aveva inizio con l'incantesimo di Halloween.

The Halloween Spell

On a Halloween night in a small village named FestiveFolly, the air was filled with magic and mystery. The full moon shone in the night sky, while dry leaves danced in the wind, creating a perfect atmosphere for a night of witchcraft and adventure.

In the heart of FestiveFolly, there was an old abandoned house that was said to be haunted. No one had dared to approach that house for years, but that night, four brave friends, Marco, Lisa, Carlo, and Sofia, had decided to challenge the legend and discover what the house truly concealed.

The four of them had prepared carefully for the occasion. They wore costumes of witches and ghosts and had with them candles, toy magic wands, and an old spell book they had found in the attic. They were ready for anything.

When they arrived in front of the abandoned house, it looked even scarier than they had imagined. The windows were broken, and darkness enveloped it like a dark cloak. Dry leaves had accumulated at the entrance, making the passage uncertain.

With their hearts pounding, Marco approached the front door and said in a trembling voice, "Should we really do this?"

Lisa, the bravest of the group, replied with determination, "It's Halloween, and this is the perfect occasion for a spooky adventure. Maybe we'll discover something interesting."

With a flickering light, they lit the candles and cautiously entered the house. Every creak and every shadow seemed to tell stories of ghosts and ancient spells.

In the main hall, they found a large dusty bookshelf filled with cobwebs. While flipping through the old books, Marco noticed a strange spellbook with a golden cover. Sofia took the book and opened it with curiosity.

Inside, they discovered spells of all kinds, from transformation to levitation. While flipping through the pages, Carlo stopped at a page with a spell that caught their attention. It was the Halloween Spell, a spell said to bring to life mysterious and strange creatures during Halloween night.

They decided to try the spell, thinking it was just a legend. They followed the book's instructions, reciting mysterious words and waving their toy magic wands. In an instant, the atmosphere around them changed. The air filled with tangible magic, and they felt a shiver running down their skin.

In the middle of the hall, before their astonished eyes, Halloween creatures began to materialize. There were animated pumpkins with wicked smiles, dancing ghosts, and skeletons that danced to the rhythm of mysterious music.

Marco, Lisa, Carlo, and Sofia were amazed. The spell had really worked. As they watched the Halloween creatures dance and laugh, they realized they had made an incredible discovery.

However, the magic of the spell began to slip from their grasp. Halloween creatures started to behave strangely and became uncontrollable. The animated pumpkins began to throw sweets like projectiles, the ghosts disappeared and reappeared with a mischievous laugh, and the skeletons danced so wildly that they risked destroying the house.

The four friends understood that they needed to do something to bring everything back to normal before the situation got out of control. Lisa took hold of the spellbook and looked for the spell to cancel the Halloween one. She found the right spell, but reciting it would be difficult with the creatures going wild around them.

With great courage, Sofia took the toy magic wand and began directing the creatures to a corner of the room. Marco, Lisa, and Carlo joined her, trying to calm the creatures and prevent them from causing further damage.

Meanwhile, Sofia recited the cancellation spell with a firm and steady voice. With a mysterious glow, the Halloween creatures began to dissolve into the air, one by one. When the last ghost disappeared, the atmosphere returned to normal, and the house was as quiet as before.

The four friends were exhausted but happy. They had restored peace to the abandoned house and had learned to respect magic and to be cautious in their adventures. Who knows what might have happened if the Halloween creatures had remained free for too long.

They returned to their daily lives, but that spooky and mysterious night had changed them forever. They had discovered that magic truly exists, but it must be treated with respect and caution.

And so, as the full moon shone in the sky, the four friends returned home, knowing they had experienced a magical night and had shared a unique experience that would bind them forever.

The abandoned house in FestiveFolly remained a place of mystery, but now Marco, Lisa, Carlo, and Sofia had an incredible story to tell to anyone who wanted to listen, a story that began with the Halloween Spell.

Il Segreto di Halloween: L'Avventura nel Bosco Incantato

Nella notte di Halloween, un'aria di magia avvolgeva il tranquillo villaggio di Castellotenebre. La luna piena si alzava nel cielo, lanciando un pallido bagliore su strade illuminate da lanterne di zucca e zucche intagliate con sorrisi malefici. Era una notte in cui le streghe e i fantasmi vagavano liberi, pronti per un'avventura.

Nel cuore di Castellotenebre c'era una leggenda che circondava un antico bosco incantato. Si diceva che in questo bosco dimorasse un potente stregone che custodiva un segreto di Halloween. I bambini del villaggio avevano sempre avuto paura di avventurarsi nel bosco, ma quell'anno quattro giovani amici, Luca, Sofia, Martina e Andrea, decisero che era giunto il momento di scoprire la verità.

Avevano pianificato questa avventura per settimane. Vestiti con costumi di streghe e fantasmi, portavano con sé lanterne, sacchetti di caramelle e un antico libro che Luca aveva trovato nella soffitta di sua nonna. Il libro conteneva incantesimi e segreti magici che avevano studiato diligentemente, sperando che potesse aiutarli a decifrare il mistero del bosco incantato.

Mentre si avventuravano nel bosco, le foglie secche crocchiavano sotto i loro piedi e gli alberi sembravano torcersi in forme spaventose. La notte era buia e silenziosa, interrotta solo dal lontano ululato di un gufo.

Arrivarono a una radura al centro del bosco, dove si diceva si trovasse il nascondiglio del potente stregone. Là, trovarono un antico portale di pietra, ornato di simboli misteriosi e coperto di muschio. Era chiaro che quella era l'entrata al segreto di Halloween.

Sofia, la più coraggiosa del gruppo, prese il libro di incantesimi e iniziò a recitare le parole incantate. Andrea illuminò il portale con una lanterna di zucca, mentre Martina e Luca tenevano il fiato sospeso, ansiosi di scoprire cosa li attendesse oltre il portale.

Con un barbaglio di luce, il portale si aprì lentamente, rivelando un passaggio oscuro e misterioso. Senza esitazione, i quattro amici entrarono nel passaggio, determinati a svelare il segreto di Halloween.

Dall'altra parte del passaggio, trovarono sé stessi in un mondo completamente diverso. Un mondo di magia e meraviglia, dove creature mistiche come fate e gnomi popolavano una foresta incantata. Alberi coperti di luci brillanti e colorate illuminavano il cammino, e un dolce profumo di dolcetti aleggiava nell'aria.

Il passaggio li aveva condotti al Regno di Halloween, un luogo dove la magia dominava e dove le creature notturne vivevano in armonia. Era un luogo straordinario e magico che sembrava uscito da una fiaba.

I quattro amici continuarono a esplorare il regno, ammirando le splendide decorazioni di Halloween e i costumi incredibili delle creature. Incontrarono zucche che ridevano, fantasmi gentili e scheletri danzanti. Era come se fossero entrati in un sogno.

Nel cuore del Regno di Halloween, trovarono un'enorme casa a tre piani con una facciata scintillante di luci. Sul portone d'ingresso c'era un cartello che recitava: "La Casa degli Enigmi".

Decisero di entrare, curiosi di scoprire cosa si nascondesse dietro le porte di quella casa misteriosa. Appena entrarono, furono accolti da un gentile stregone con un cappello a punta e un sorriso amichevole.

Il stregone si presentò come Maestro Enigma e spiegò che aveva preparato una serie di enigmi per i visitatori coraggiosi. Se fossero riusciti a risolverli, avrebbero ottenuto una ricompensa speciale.

I quattro amici accettarono la sfida del Maestro Enigma. Con entusiasmo, iniziarono a risolvere gli enigmi, che erano intricati e affascinanti. Dovevano indovinare il nome di un fantasmino amichevole, trovare una chiave magica nascosta e perfino decifrare una serie di simboli misteriosi.

Con ingegno e pazienza, risolsero uno dopo l'altro tutti gli enigmi. Alla fine, Maestro Enigma sorrise e disse: "Siete incredibili! Avete dimostrato grande intelligenza e coraggio. Come ricompensa, vi mostrerò il segreto di Halloween."

Li guidò attraverso un corridoio segreto e li portò in una stanza incantata. Al centro della stanza c'era un grande calderone fumante. Maestro Enigma disse loro che il calderone conteneva il segreto di Halloween.

Sofia prese il libro di incantesimi e iniziò a recitare un incantesimo che avrebbe svelato il segreto. Con un grande sforzo, il calderone iniziò a ribollire e a emanare un bagliore magico. Poi, dal calderone emerse un oggetto scintillante.

Era una chiave d'oro incastonata con pietre preziose. Maestro Enigma spiegò che quella chiave avrebbe sbloccato il potere della magia di Halloween. Era il segreto che avevano cercato.

I quattro amici ringraziarono Maestro Enigma e si prepararono a tornare a Castellotenebre. Prima di attraversare il portale, Maestro Enigma disse loro che il segreto di Halloween era stato affidato a loro e che ora spettava a loro proteggerlo e condividerlo con gli altri.

Tornarono a casa, con la chiave d'oro in mano, e sapevano che avevano vissuto un'esperienza straordinaria. La notte di Halloween era diventata una vera avventura, e avevano scoperto un mondo incantato che esisteva solo nei loro sogni.

Con il passare degli anni, Luca, Sofia, Martina e Andrea condivisero il segreto di Halloween con gli abitanti di Castellotenebre, trasformando il villaggio in un luogo di magia e meraviglia durante la notte di Halloween. E mentre la luna piena splendeva nel cielo, sapevano che il segreto di Halloween sarebbe stato custodito per le generazioni future, portando gioia e incanto a chiunque avesse il coraggio di cercarlo.

The Halloween Secret: The Adventure in the Enchanted Forest

On Halloween night, an air of magic enveloped the quiet village of Shadowcastle. The full moon rose in the sky, casting a pale glow on streets illuminated by pumpkin lanterns and pumpkins carved with wicked smiles. It was a night when witches and ghosts roamed freely, ready for an adventure.

In the heart of Shadowcastle, there was a legend surrounding an ancient enchanted forest. It was said that in this forest lived a powerful sorcerer who guarded a Halloween secret. The village's children had always been afraid to venture into the forest, but that year, four young friends, Luca, Sofia, Martina, and Andrea, decided it was time to uncover the truth.

They had planned this adventure for weeks. Dressed in witch and ghost costumes, they carried lanterns, candy bags, and an old book that Luca had found in his grandmother's attic. The book contained spells and magical secrets that they had diligently studied, hoping it would help them decipher the mystery of the enchanted forest.

As they ventured into the forest, dry leaves crunched beneath their feet, and the trees seemed to twist into eerie shapes. The night was dark and silent, interrupted only by the distant hoot of an owl.

They arrived at a clearing in the heart of the forest, where it was said the hiding place of the powerful sorcerer could be found. There, they found an ancient stone portal adorned with mysterious symbols and covered in moss. It was clear that this was the entrance to the Halloween secret.

Sofia, the bravest of the group, took the spell book and began reciting the enchanted words. Andrea illuminated the portal with a pumpkin lantern, while Martina and Luca held their breath, eager to discover what lay beyond the portal.

With a gleam of light, the portal slowly opened, revealing a dark and mysterious passage. Without hesitation, the four friends entered the passage, determined to unveil the Halloween secret.

On the other side of the passage, they found themselves in a completely different world. A world of magic and wonder, where mystical creatures like fairies and gnomes inhabited an enchanted forest. Trees adorned with bright and colorful lights illuminated their path, and a sweet scent of treats hung in the air.

The passage had led them to the Realm of Halloween, a place where magic reigned, and where nocturnal creatures lived in harmony. It was an extraordinary and magical place that seemed to have sprung from a fairy tale.

The four friends continued to explore the realm, admiring the beautiful Halloween decorations and the incredible costumes of the creatures they encountered. They met laughing pumpkins, friendly ghosts, and dancing skeletons. It was as if they had entered a dream.

In the heart of the Realm of Halloween, they found a huge three-story house with a facade sparkling with lights. On the front door was a sign that read, "The House of Enigmas."

They decided to enter, curious to discover what lay behind the doors of that mysterious house. As soon as they entered, they were greeted by a kind wizard with a pointed hat and a friendly smile.

The wizard introduced himself as Master Enigma and explained that he had prepared a series of enigmas for brave visitors. If they could solve them, they would receive a special reward.

The four friends accepted Master Enigma's challenge. With enthusiasm, they began to solve the enigmas, which were intricate and fascinating. They had to guess the name of a friendly little ghost, find a hidden magic key, and even decipher a series of mysterious symbols.

With cleverness and patience, they solved one after another of the enigmas. In the end, Master Enigma smiled and said, "You are amazing! You have demonstrated great intelligence and courage. As a reward, I will show you the Halloween secret."

He led them through a secret corridor and into an enchanted room. At the center of the room was a large, steaming cauldron. Master Enigma told them that the cauldron contained the Halloween secret.

Sofia took the spell book and began reciting a spell that would reveal the secret. With a great effort, the cauldron began to bubble and emit a magical glow. Then, from the cauldron emerged a sparkling object.

It was a golden key encrusted with precious stones. Master Enigma explained that this key would unlock the power of Halloween magic. It was the secret they had been seeking.

The four friends thanked Master Enigma and prepared to return to Shadowcastle. Before they crossed the portal, Master Enigma told them that the Halloween secret had been entrusted to them, and it was now their responsibility to protect it and share it with others.

They returned home, with the golden key in hand, and knew that they had experienced an extraordinary adventure. Halloween night had become a real adventure, and they had discovered an enchanted world that existed only in their dreams.

Over the years, Luca, Sofia, Martina, and Andrea shared the Halloween secret with the inhabitants of Shadowcastle, turning the village into a place of magic and wonder on Halloween night. And as the full moon shone in the sky, they knew that the Halloween secret would be passed down to future generations, bringing joy and enchantment to anyone with the courage to seek it.

La Festa delle Lanterne: L'Avventura di Halloween nella Città di Ombre Incantate

Nella città di Ombre Incantate, Halloween era una festa particolarmente speciale. La città era famosa per la sua antica tradizione chiamata "La Festa delle Lanterne". Ogni anno, nella notte di Halloween, gli abitanti di Ombre Incantate decoravano le loro case con lanterne magiche fatte a mano, create con incantesimi tramandati di generazione in generazione. Era una festa unica, che attraeva visitatori da ogni angolo del mondo.

Quest'anno, un gruppo di amici di lunga data, Matteo, Giulia, Andrea, e Francesca, aveva deciso di partecipare alla Festa delle Lanterne. Erano curiosi di vivere questa tradizione unica e di vedere da vicino le lanterne magiche. Ognuno di loro aveva ricevuto un'invitazione speciale da un amico che viveva a Ombre Incantate.

Giulia, la più appassionata di Halloween del gruppo, aveva insistito affinché partissero subito per la città per non perdersi nulla. Aveva pianificato la loro avventura nei minimi dettagli, assicurandosi che avessero tutto il necessario per immergersi completamente nella magia della Festa delle Lanterne.

Il giorno prima di Halloween, si imbarcarono in un viaggio lungo e avventuroso che li portò a Ombre Incantate. Appena arrivarono in città, furono accolti dalla vista di strade illuminate da lanterne magiche. Era uno spettacolo mozzafiato. Ogni casa, ogni albero e ogni lampioncino della città era adornato da lanterne scintillanti.

La città era viva di festa. Le persone indossavano costumi elaborati, decoravano le proprie case con guirlande di zucca e distribuivano dolci ai visitatori. Il profumo di cioccolata calda e castagne arrostite riempiva l'aria, mentre le risate e le voci allegre rimbombavano per le strade.

I quattro amici si diressero alla locanda locale, dove avevano prenotato una camera per il loro soggiorno. La locanda era affollata di visitatori, molti dei quali erano venuti per la Festa delle Lanterne. I proprietari della locanda, un'allegra coppia di anziani, li accolsero calorosamente.

"Benvenuti a Ombre Incantate!" disse la signora della locanda con un sorriso. "Speriamo che vi godiate la Festa delle Lanterne. È un evento davvero speciale."

I quattro amici si sistemarono nelle loro camere e si prepararono per la serata. Giulia aveva portato con sé costumi speciali, ispirati alla magia di Halloween. Indossavano cappelli a punta, mantelli neri e stivali di pelle. Prima di uscire, ogni amico ricevette una lanterna vuota, pronta per essere decorata con la magia della festa.

Appena scesero in strada, si unirono a una processione di visitatori che portavano lanterne magiche decorate. Le lanterne erano state trasformate in opere d'arte, con incantesimi incisi e decorazioni luminose. C'erano lanterne a forma di zucche sorrideva e lanterne che sembravano streghe volanti nel cielo.

Seguirono il flusso di persone, incuriositi da ciò che li attendeva. La processione li portò alla piazza principale della città, dove c'era un'enorme pianta di zucca scolpita con simboli magici. Intorno alla pianta c'erano lanterne magiche che illuminavano il cielo notturno.

Matteo, Giulia, Andrea e Francesca si unirono agli abitanti di Ombre Incantate nel cerchio di danza che circondava la pianta di zucca. La musica e i canti riempirono l'aria, e il cerchio si mosse con grazia, come se fosse guidato dalla magia stessa.

Dopo la danza, c'era un grande banchetto con delizie autunnali come zuppe di zucca, torte di mele e bevande calde. I quattro amici si sedettero a un tavolo e si unirono ai festeggiamenti. Era incredibile vedere come la città celebrasse Halloween con tanta passione e tradizione.

Dopo il banchetto, si diressero verso il punto culminante della Festa delle Lanterne: l'incantesimo di attivazione delle lanterne. Tutti i partecipanti si radunarono intorno alla pianta di zucca scolpita, e un anziano stregone salì su un palco per guidare l'incantesimo.

Con voce potente, lo stregone recitò un incantesimo antico che si diceva avesse il potere di accendere le lanterne magiche. Mentre pronunciava le parole magiche, una luce brillante si diffuse dalla pianta di zucca e si propagò attraverso tutte le lanterne della folla.

Le lanterne magiche si accesero una dopo l'altra, emettendo una luce magica che illuminava la città. Era uno spettacolo indimenticabile, con lanterne che scintillavano e danzavano nell'aria. La magia di Halloween era palpabile in ogni angolo della città di Ombre Incantate.

Dopo l'incantesimo, i quattro amici uscirono per esplorare la città illuminata dalle lanterne. Era una notte magica in cui case e alberi sembravano coperti di stelle scintillanti. Decisero di decorare le loro lanterne con incantesimi personali, per aggiungere un tocco unico alla loro esperienza.

Andrea incise sulla sua lanterna il simbolo della costellazione del drago, mentre Francesca aggiunse un incantesimo per far danzare la sua lanterna nel cielo. Giulia incise una strega svolazzante, e Matteo decorò la sua lanterna con una zuccherina luminosa.

Con le loro lanterne decorate, si unirono a una parata di persone che sfoggiavano le proprie creazioni. La parata attraversò la città, con le lanterne scintillanti che illuminavano il cammino. La musica e i canti si alzarono nell'aria, creando un'atmosfera di festa e allegria.

La notte di Halloween si trascinò fino a tarda ora, con i quattro amici che si misero a ballare intorno alla pianta di zucca scolpita e a godersi il calore dell'atmosfera festosa. Era una notte di magia e incanto, una notte che avrebbero ricordato per sempre.

All'alba, si ritirarono alla locanda, esausti ma felici. Avevano vissuto una delle feste di Halloween più straordinarie della loro vita e avevano scoperto la bellezza della tradizione della Festa delle Lanterne. Mentre si addormentavano, con le lanterne magiche accanto a loro, sapevano che avevano fatto parte di una festa unica e indimenticabile.

Il giorno successivo, tornarono a casa portando con sé le loro lanterne magiche e i ricordi di Ombre Incantate. Raccontarono le storie della Festa delle Lanterne ai loro amici e familiari, diffondendo la magia di Halloween e condividendo la bellezza della tradizione unica di quella straordinaria città.

E così, ogni Halloween, Matteo, Giulia, Andrea e Francesca tornavano a Ombre Incantate per partecipare alla Festa delle Lanterne, portando con sé nuove lanterne decorate e la gioia di festeggiare Halloween in uno dei luoghi più incantevoli del mondo. La città di Ombre Incantate continuò a illuminare il cielo notturno con le sue lanterne magiche, mantenendo viva la tradizione della Festa delle Lanterne e diffondendo la magia di Halloween a chiunque avesse il coraggio di partecipare.

The Lantern Festival: Halloween Adventure in the Enchanted City of Shadows

In the city of Enchanted Shadows, Halloween was a particularly special celebration. The city was famous for its ancient tradition known as "The Lantern Festival." Every year, on Halloween night, the residents of Enchanted Shadows adorned their homes with handmade magic lanterns, created with spells passed down from generation to generation. It was a unique festival that attracted visitors from all over the world.

This year, a group of longtime friends, Matteo, Giulia, Andrea, and Francesca, decided to participate in the Lantern Festival. They were curious to experience this unique tradition and see the magic lanterns up close. Each of them had received a special invitation from a friend who lived in Enchanted Shadows.

Giulia, the most passionate Halloween enthusiast in the group, insisted that they leave for the city immediately so as not to miss anything. She had planned their adventure down to the smallest details, ensuring that they had everything they needed to fully immerse themselves in the magic of the Lantern Festival.

The day before Halloween, they embarked on a long and adventurous journey that took them to Enchanted Shadows. As soon as they arrived in the city, they were greeted by the sight of streets illuminated by magic lanterns. It was a breathtaking spectacle. Every house, every tree, and every lamppost in the city was adorned with sparkling lanterns.

The city was alive with festivity. People wore elaborate costumes, decorated their homes with pumpkin garlands, and distributed treats to visitors. The scent of hot chocolate and roasted chestnuts filled the air, while laughter and cheerful voices echoed through the streets.

The four friends headed to the local inn, where they had booked a room for their stay. The inn was bustling with visitors, many of whom had come for the Lantern Festival. The innkeepers, a cheerful elderly couple, welcomed them warmly.

"Welcome to Enchanted Shadows!" said the innkeeper's wife with a smile. "We hope you enjoy the Lantern Festival. It's truly a special event."

The four friends settled into their rooms and prepared for the evening. Giulia had brought special costumes inspired by the magic of Halloween. They wore pointed hats, black cloaks, and leather boots. Before heading out, each friend received an empty lantern, ready to be decorated with the magic of the festival.

As soon as they stepped out onto the street, they joined a procession of people carrying decorated magic lanterns. The lanterns had been transformed into works of art, with engraved spells and luminous decorations. There were lanterns shaped like smiling pumpkins and lanterns that resembled flying witches in the sky.

They followed the flow of people, curious about what awaited them. The procession led them to the city's main square, where there was a massive pumpkin plant carved with magical symbols. Surrounding the plant were magic lanterns that illuminated the night sky.

Matteo, Giulia, Andrea, and Francesca joined the residents of Enchanted Shadows in the dance circle that surrounded the carved pumpkin plant. Music and songs filled the air, and the circle moved gracefully, as if guided by magic itself.

After the dance, there was a grand banquet with autumnal delights such as pumpkin soups, apple pies, and hot beverages. The four friends sat at a table and joined in the festivities. It was incredible to see how the city celebrated Halloween with such passion and tradition.

Following the banquet, they made their way to the highlight of the Lantern Festival: the lantern activation spell. All participants gathered around the carved pumpkin plant, and an elderly wizard took the stage to lead the spell.

With a powerful voice, the wizard recited an ancient spell said to have the power to ignite the magic lanterns. As he uttered the magical words, a bright light spread from the carved pumpkin plant and flowed through all the lanterns in the crowd.

The magic lanterns lit up one by one, emitting a magical glow that illuminated the city. It was an unforgettable sight, with lanterns sparkling and dancing in the air. The magic of Halloween was palpable in every corner of the city of Enchanted Shadows.

After the spell, the four friends ventured out to explore the city illuminated by the lanterns. It was a magical night where houses and trees seemed covered in sparkling stars. They decided to decorate their lanterns with personal spells, adding a unique touch to their experience.

Andrea engraved the symbol of the dragon constellation on his lantern, while Francesca added a spell to make her lantern dance in the sky. Giulia carved a flying witch, and Matteo adorned his lantern with a luminous candy.

With their decorated lanterns, they joined a parade of people showcasing their creations. The parade traversed the city, with the sparkling lanterns lighting the way. Music and songs filled the air, creating an atmosphere of celebration and joy.

Halloween night extended into the late hours, with the four friends joining the dance circle around the carved pumpkin plant and enjoying the warmth of the festive atmosphere. It was a night of magic and enchantment, a night they would remember forever.

At dawn, they returned to the inn, exhausted but happy. They had experienced one of the most extraordinary Halloween festivals of their lives and had discovered the beauty of the Lantern Festival tradition. As they fell asleep, with the magic lanterns beside them, they knew they had been part of a unique and unforgettable celebration.

The next day, they returned home with their magic lanterns and the memories of Enchanted Shadows. They shared stories of the Lantern Festival with their friends and family, spreading the magic of Halloween and sharing the beauty of the unique tradition of that extraordinary city.

And so, every Halloween, Matteo, Giulia, Andrea, and Francesca returned to Enchanted Shadows to participate in the Lantern Festival, bringing new decorated lanterns and the joy of celebrating Halloween in one of the most enchanting places in the world. The city of Enchanted Shadows continued to light up the night sky with its magic lanterns, keeping the tradition of the Lantern Festival alive and spreading the magic of Halloween to anyone with the courage to participate.

Il Mistero del Bosco delle Lanterne

Nella piccola cittadina di Ombreburg, c'era un luogo leggendario noto come il Bosco delle Lanterne. Questo bosco era un luogo incantato, famoso per le sue lanterne magiche che si accendevano solo durante Halloween. La tradizione era nata molti secoli prima, quando un antico stregone aveva incantato le lanterne per proteggere il bosco da creature oscure.

Ogni anno, nella notte di Halloween, gli abitanti di Ombreburg si riunivano per decorare le lanterne e appenderle tra gli alberi del Bosco delle Lanterne. Era un momento di gioia, con famiglie che si riunivano per condividere la tradizione e i segreti delle lanterne magiche. Ma c'era anche un mistero legato al Bosco delle Lanterne, un'enigma che da generazioni intrigava gli abitanti della cittadina.

Quest'anno, quattro giovani amici, Marco, Lisa, Carlo e Elena, decisero di scoprire il mistero del Bosco delle Lanterne. Erano cresciuti ascoltando storie su lanterne che si accendevano da sole e luci misteriose che danzavano tra gli alberi. Erano curiosi e avventurosi, e avevano pianificato l'impresa per mesi.

Il giorno di Halloween, si riunirono con le loro famiglie per preparare le lanterne. Ognuno di loro aveva una lanterna vuota, pronta per essere decorata con incantesimi e disegni. Le lanterne erano fatte a mano, con vetri colorati e manici di legno intagliato. Erano un simbolo della tradizione del Bosco delle Lanterne.

Marco decise di decorare la sua lanterna con un disegno di un drago, un simbolo di coraggio e forza. Lisa incise sulla sua lanterna un incantesimo per farla brillare intensamente. Carlo scolpì un gufo sulla sua lanterna, un simbolo di saggezza. Elena decorò la sua lanterna con una luna crescente, rappresentando la magia della notte di Halloween.

Dopo aver terminato le loro lanterne, si riunirono nel centro della cittadina, dove una grande processione si stava formando. Le famiglie portavano le loro lanterne decorate, pronte per essere appese tra gli alberi del Bosco delle Lanterne. C'era un'atmosfera di eccitazione nell'aria, con i suoni di tamburi e flauti che accompagnarono la processione.

La processione si avviò verso il Bosco delle Lanterne, un luogo avvolto dal mistero e dalla magia. Il bosco era un'esplosione di colori e luce, con lanterne magiche che creavano un'atmosfera surreale tra gli alberi. Ogni singola lanterna emanava un bagliore unico, come se avesse una storia da raccontare.

Le famiglie iniziarono ad appendere le loro lanterne tra gli alberi, creando una visione spettacolare. Era un momento di condivisione, in cui le storie delle famiglie si univano a quelle delle generazioni passate. Marco, Lisa, Carlo ed Elena osservavano meravigliati il Bosco delle Lanterne prendere vita.

Ma mentre le altre persone festeggiavano e ammiravano le lanterne, i quattro amici si allontanarono dal sentiero principale. Avevano un'idea audace in mente: avrebbero cercato di scoprire il mistero del Bosco delle Lanterne.

Si inoltrarono tra gli alberi, seguendo il debole bagliore delle lanterne. La notte di Halloween era chiara, con una luna piena nel cielo, ma il Bosco delle Lanterne era ancora un luogo oscuro e misterioso. Le lanterne magiche illuminavano il loro cammino, creando riflessi incantevoli tra gli alberi.

Mentre esploravano il bosco, sentivano un sussurro nell'aria, come se le lanterne stessero cercando di comunicare con loro. Era un'atmosfera magica, e i quattro amici sapevano di essere vicini alla risposta al mistero.

All'improvviso, Marco notò una lanterna particolarmente diversa. Era posizionata su un piedistallo di pietra e sembrava emanare un bagliore più intenso. Si avvicinarono e scoprirono che la lanterna aveva delle scritte incise sulla base. Era un antico incantesimo, un'enigma che avrebbero dovuto risolvere.

I quattro amici iniziarono a decifrare le scritte, cercando di comprendere l'incantesimo. Era un test di abilità e pazienza, con parole magiche che si trasformavano sotto i loro occhi. Dovevano risolverlo per scoprire il mistero del Bosco delle Lanterne.

Dopo un'intensa sessione di brainstorming e deduzione, riuscirono a risolvere l'incantesimo. Un raggio di luce emerse dalla lanterna, e un portale si aprì di fronte a loro. Era il portale per il cuore del Bosco delle Lanterne, il luogo in cui il mistero si nascondeva.

Senza esitazione, i quattro amici attraversarono il portale, entrando in un mondo di magia e meraviglia. Era come se fossero stati trasportati in un sogno, in un regno incantato di luci danzanti e creature mistiche.

Erano circondati da lanterne magiche sospese nell'aria, illuminando una chiara radura. Al centro della radura, c'era un albero maestoso, con radici che si intrecciavano con incantesimi antichi. Era l'albero delle lanterne, la fonte del potere del Bosco delle Lanterne.

Mentre esploravano la radura, trovarono un piccolo libro antico che conteneva storie di lanterne e incantesimi. Era il libro delle leggende del Bosco delle Lanterne, e raccontava di come le lanterne avevano il potere di proteggere il bosco da creature oscure e di aprire porte verso mondi magici.

Rendendosi conto che avevano scoperto il segreto del Bosco delle Lanterne, i quattro amici decisero di condividere questa conoscenza con gli abitanti di Ombreburg. Era un segreto che avrebbe reso la festa di Halloween ancora più speciale e significativa.

Tornarono attraverso il portale, portando con loro la saggezza delle lanterne magiche. Mentre uscivano dal Bosco delle Lanterne, il portale si chiuse dietro di loro, ma il loro cuore era pieno di gioia e di gratitudine per aver scoperto il mistero.

Tornarono alla processione, dove le famiglie stavano ancora ammirando le lanterne magiche. Condivisero il loro incredibile viaggio e la storia del Bosco delle Lanterne. Le persone ascoltarono con ammirazione e rispetto, riconoscendo il valore di ciò che avevano scoperto.

Da quel momento in poi, il Bosco delle Lanterne di Ombreburg divenne un luogo ancora più speciale. Ogni Halloween, i visitatori da ogni parte del mondo venivano a vedere le lanterne magiche e ascoltare le storie del Bosco delle Lanterne. Era diventato un simbolo di condivisione, di tradizione e di scoperta.

I quattro amici avevano svelato il mistero, ma avevano anche contribuito a preservare la magia e la bellezza del Bosco delle Lanterne. La notte di Halloween aveva portato loro un'avventura straordinaria, e avevano condiviso il loro coraggio e la loro saggezza con il mondo intero. Era una notte che avrebbero ricordato per sempre, una notte di magia e di mistero nel Bosco delle Lanterne.

The Mystery of the Lantern Forest

In the small town of Shadowburg, there was a legendary place known as the Lantern Forest. This forest was an enchanted place, famous for its magic lanterns that only lit up during Halloween. The tradition had started many centuries ago when an ancient sorcerer had enchanted the lanterns to protect the forest from dark creatures.

Every year, on Halloween night, the residents of Shadowburg gathered to decorate the lanterns and hang them among the trees of the Lantern Forest. It was a moment of joy, with families coming together to share the tradition and the secrets of the magic lanterns. But there was also a mystery associated with the Lantern Forest, an enigma that had intrigued the town's residents for generations.

This year, four young friends, Marco, Lisa, Carlo, and Elena, decided to uncover the mystery of the Lantern Forest. They had grown up listening to stories of lanterns lighting up on their own and mysterious lights dancing among the trees. They were curious and adventurous, and they had been planning their venture for months.

On Halloween day, they gathered with their families to prepare the lanterns. Each of them had an empty lantern, ready to be decorated with spells and designs. The lanterns were handmade, with colored glass and carved wooden handles. They were a symbol of the Lantern Forest tradition.

Marco decided to decorate his lantern with a dragon design, a symbol of courage and strength. Lisa engraved an enchantment on her lantern to make it shine brightly. Carlo carved an owl on his lantern, a symbol of wisdom. Elena decorated her lantern with a crescent moon, representing the magic of Halloween night.

After finishing their lanterns, they gathered in the town's center, where a large procession was forming. Families carried their decorated lanterns, ready to hang them among the trees of the Lantern Forest. There was an atmosphere of excitement in the air, with the sounds of drums and flutes accompanying the procession.

The procession set off toward the Lantern Forest, a place shrouded in mystery and magic. The forest was an explosion of colors and light, with magic lanterns creating a surreal atmosphere among the trees. Each lantern emitted a unique glow, as if it had a story to tell.

Families began to hang their lanterns among the trees, creating a spectacular sight. It was a moment of sharing, where the stories of families merged with those of past generations. Marco, Lisa, Carlo, and Elena watched in awe as the Lantern Forest came to life.

But while others celebrated and admired the lanterns, the four friends ventured away from the main path. They had a bold idea in mind: they would try to uncover the mystery of the Lantern Forest.

They ventured among the trees, following the faint glow of the lanterns. Halloween night was clear, with a full moon in the sky, but the Lantern Forest was still a dark and mysterious place. The magic lanterns illuminated their path, creating enchanting reflections among the trees.

As they explored the forest, they felt a whisper in the air, as if the lanterns were trying to communicate with them. It was a magical atmosphere, and the four friends knew they were getting closer to the answer to the mystery.

Suddenly, Marco noticed a lantern that was particularly different. It was placed on a stone pedestal and seemed to emit a more intense glow. They approached it and discovered that the lantern had inscriptions engraved on its base. It was an ancient spell, an enigma they would have to solve.

The four friends began deciphering the inscriptions, trying to understand the spell. It was a test of skill and patience, with magical words transforming before their eyes. They had to solve it to uncover the mystery of the Lantern Forest.

After an intense session of brainstorming and deduction, they managed to solve the spell. A beam of light emerged from the lantern, and a portal opened in front of them. It was the portal to the heart of the Lantern Forest, the place where the mystery was hidden.

Without hesitation, the four friends crossed the portal, entering a world of magic and wonder. It was as if they had been transported into a dream, into an enchanted realm of dancing lights and mystical creatures.

They were surrounded by magic lanterns suspended in the air, illuminating a clear glade. At the center of the glade stood a majestic tree, with roots intertwined with ancient spells. It was the Lantern Tree, the source of the power of the Lantern Forest.

As they explored the glade, they found a small, ancient book containing stories of lanterns and spells. It was the book of Lantern Forest legends, and it told of how the lanterns had the power to protect the forest from dark creatures and to open doors to magical worlds.

Realizing they had uncovered the secret of the Lantern Forest, the four friends decided to share this knowledge with the residents of Shadowburg. It was a secret that would make Halloween even more special and meaningful.

Una Notte di Halloween Indimenticabile: L'Avventura della Zucca Magica

Nella piccola cittadina di Cascate Silenziose, l'aria diventava sempre più fresca e il sole tramontava, segnando l'arrivo della notte di Halloween. I bambini si preparavano per il grande evento dell'anno, il concorso per la Zucca di Halloween più straordinaria. Ogni famiglia in città partecipava, decorando le proprie zucche in modo unico e creativo, sperando di vincere il primo premio.

In una graziosa casa con una vista mozzafiato sulle Cascate Silenziose viveva una bambina di nome Sofia. Aveva nove anni ed era conosciuta in città per la sua creatività e la sua passione per Halloween. Quest'anno, Sofia aveva un piano speciale per il concorso della Zucca di Halloween. Voleva creare la zucca più magica e sorprendente che Cascate Silenziose avessero mai visto.

Sofia amava tutto ciò che era magico e misterioso, e desiderava che la sua zucca rispecchiasse la sua personalità unica. Aveva passato settimane a pianificare e preparare la sua idea, e finalmente il momento era giunto.

Un pomeriggio, Sofia si diresse nel bosco che circondava Cascate Silenziose. Era un luogo incantato, dove si diceva che le fate danzassero tra gli alberi durante la notte. Sofia sperava di trovare qualcosa di speciale per la sua zucca magica. Mentre esplorava il bosco, si imbatté in un vecchio albero cavo. All'interno, trovò una piccola chiave dorata.

La chiave era antica e incastonata di pietre preziose. Sofia aveva il presentimento che quella chiave potesse essere la chiave per qualcosa di veramente speciale. Decise di portarla con sé e continuò la sua esplorazione.

Poco dopo, Sofia fece una scoperta sorprendente. Trovò un piccolo campo circondato da fiori selvatici. Al centro del campo c'era un'enorme zucca magica. Era diversa da qualsiasi altra zucca che avesse mai visto. La zucca era colorata in modo straordinario, con sfumature di rosso, arancione e oro. Sembrava quasi trasparente e scintillava alla luce del sole.

Sofia aveva trovato la zucca perfetta per il suo progetto. Era sicura che quella zucca avesse qualche tipo di magia speciale. Usò la chiave dorata per aprirla e, quando lo fece, sentì una scintilla di energia magica sprigionarsi. Era come se la zucca stesse aspettando di essere scoperta.

Con grande cura, Sofia iniziò a scolpire la zucca magica. Le sue mani si muovevano con precisione mentre trasformava la zucca in un'opera d'arte magica. Incise intricati disegni e dettagli incantevoli sulla superficie della zucca. La luce del tramonto avvolgeva il campo e conferiva alla zucca una luce dorata.

Mentre lavorava, Sofia si accorse che la zucca sembrava reagire alla sua creatività. Ogni volta che incideva un nuovo disegno o un nuovo incantesimo, la zucca emanava una luce più intensa e vibrante. Era come se la zucca stesse prendendo vita sotto le sue mani.

Quando ebbe finito, Sofia si ritrovò con una zucca magica straordinaria. Era una zucca magica, con dettagli incisi che sembravano danzare quando la luce la colpiva. Era un'opera d'arte unica, una zucca che raccontava una storia di magia e mistero.

Sofia portò la sua zucca magica a casa e la pose con cura sul davanzale della finestra. Era così orgogliosa del suo lavoro che non vedeva l'ora che tutti gli abitanti di Cascate Silenziose la vedessero.

La notte di Halloween si avvicinò rapidamente, e con essa il concorso per la Zucca di Halloween più straordinaria. Le famiglie di tutta la città avevano preparato le loro zucche con cura e le avevano portate alla piazza principale per la giuria. Sofia era ansiosa di vedere le altre zucche, ma aveva fiducia nella sua creazione unica.

Quando arrivò alla piazza principale con la sua zucca magica, rimase stupita. Le altre zucche erano davvero incredibili, ognuna con il proprio stile e la propria personalità. C'erano zucche dipinte con scene spaventose, zucche scolpite in creature mitiche e persino una zucca gigante che sembrava pronta a esplodere di tanto in tanto.

La giuria era composta da abitanti della città, tra cui un vecchio signore con una lunga barba bianca che sembrava avere una vasta esperienza in materia di zucche di Halloween. Iniziò a esaminare ogni zucca con attenzione, facendo commenti e chiedendo agli autori di raccontare la storia dietro la loro creazione.

Quando arrivò il turno di Sofia, il vecchio signore esaminò la sua zucca magica con grande attenzione. Sofia raccontò la storia della chiave dorata e del bosco incantato. Spiegò come aveva sentito che quella zucca aveva una magia speciale e come aveva creato un'opera d'arte che raccontava una storia di magia e mistero.

La giuria sembrò molto interessata e prese appunti. Alla fine del concorso, il vecchio signore annunciò che aveva trovato la Zucca di Halloween più straordinaria. Era la zucca magica di Sofia. Aveva apprezzato la creatività, la storia e il tocco di magia che Sofia aveva aggiunto alla sua zucca.

Sofia era elettrizzata per la vittoria, ma era anche felice di vedere che tutte le altre zucche erano state apprezzate. Era un concorso di creatività e di condivisione, e tutti avevano contribuito a rendere quella notte di Halloween indimenticabile.

La notizia della vittoria di Sofia si diffuse rapidamente in città, e tutti gli abitanti di Cascate Silenziose vennero a vedere la sua zucca magica. Era una serata di festa, con canti e balli intorno alla zucca. La luce della zucca sembrava ancora più intensa quella notte, come se la magia si fosse risvegliata.

Il vecchio signore con la barba bianca si avvicinò a Sofia e le disse: "Hai fatto qualcosa di davvero speciale, piccola. La tua zucca magica ha catturato il cuore di tutti noi. È un simbolo di creatività e di magia, e ci ricorda che la bellezza può essere trovata ovunque, anche in una zucca."

Quella notte, mentre la città festeggiava, Sofia guardò la sua zucca magica con orgoglio. Aveva scoperto la magia della creatività e della condivisione, e aveva imparato che anche le cose apparentemente comuni potevano nascondere segreti straordinari. Era stata una notte di Halloween indimenticabile, una notte in cui aveva portato la magia a Cascate Silenziose con la sua zucca magica.

E così, ogni Halloween successivo, Sofia continuò a decorare le sue zucche in modo unico e creativo. Ogni zucca raccontava una nuova storia di magia e mistero, e ogni anno attirava l'attenzione e l'ammirazione di tutti. Era diventata una tradizione della città, una tradizione che celebrava la creatività e la bellezza nascoste in ogni zucca di Halloween.

An Unforgettable Halloween Night: The Adventure of the Magical Pumpkin

In the small town of Silent Falls, the air grew cooler, and the sun set, marking the arrival of Halloween night. Children were getting ready for the biggest event of the year, the contest for the most extraordinary Halloween Pumpkin. Every family in town participated, decorating their pumpkins uniquely and creatively, hoping to win the first prize.

In a charming house with a breathtaking view of Silent Falls lived a girl named Sofia. She was nine years old and was known in town for her creativity and her passion for Halloween. This year, Sofia had a special plan for the Halloween Pumpkin contest. She wanted to create the most magical and astonishing pumpkin that Silent Falls had ever seen.

Sofia loved everything that was magical and mysterious, and she wanted her pumpkin to reflect her unique personality. She had spent weeks planning and preparing her idea, and finally, the moment had arrived.

One afternoon, Sofia headed into the forest that surrounded Silent Falls. It was an enchanted place, where fairies were said to dance among the trees at night. Sofia hoped to find something special for her magical pumpkin. As she explored the forest, she came across an old hollow tree. Inside, she found a small golden key.

The key was ancient and studded with gemstones. Sofia had a feeling that the key could be the key to something truly special. She decided to take it with her and continued her exploration.

Shortly after, Sofia made a surprising discovery. She found a small clearing surrounded by wildflowers. At the center of the clearing was a gigantic magical pumpkin. It was unlike any other pumpkin she had ever seen. The pumpkin was colored in an extraordinary way, with shades of red, orange, and gold. It almost seemed translucent and sparkled in the sunlight.

Sofia had found the perfect pumpkin for her project. She was sure that this pumpkin held some kind of special magic. She used the golden key to open it, and when she did, she felt a spark of magical energy burst forth. It was as if the pumpkin had been waiting to be discovered.

With great care, Sofia began to carve the magical pumpkin. Her hands moved with precision as she transformed the pumpkin into a magical work of art. She engraved intricate designs and enchanting details on the pumpkin's surface. The light of the setting sun bathed the clearing, giving the pumpkin a golden glow.

As she worked, Sofia noticed that the pumpkin seemed to react to her creativity. Every time she carved a new design or a new spell, the pumpkin emitted a brighter and more vibrant light. It was as if the pumpkin was coming to life under her hands.

When she had finished, Sofia found herself with an extraordinary magical pumpkin. It was a magical pumpkin, with engraved details that seemed to dance when the light struck it. It was a unique work of art, a pumpkin that told a story of magic and mystery.

Sofia brought her magical pumpkin home and carefully placed it on the windowsill. She was so proud of her work and couldn't wait for all the residents of Silent Falls to see it.

Halloween night quickly approached, and with it, the contest for the most extraordinary Halloween Pumpkin. Families from all over town had prepared their pumpkins with care and brought them to the main square for the judging. Sofia was eager to see the other pumpkins, but she had confidence in her unique creation.

When she arrived at the main square with her magical pumpkin, she was amazed. The other pumpkins were truly incredible, each with its own style and personality. There were pumpkins painted with spooky scenes, pumpkins carved into mythical creatures, and even a gigantic pumpkin that seemed ready to burst at any moment.

The judging panel was made up of town residents, including an old man with a long white beard who seemed to have vast experience in Halloween pumpkins. He carefully examined each pumpkin, making comments and asking the authors to tell the story behind their creations.

When it was Sofia's turn, the old man scrutinized her magical pumpkin with great attention. Sofia told the story of the golden key and the enchanted forest. She explained how she had felt that this pumpkin had some special magic and how she had created a work of art that told a story of magic and mystery.

The judging panel seemed very interested and took notes. At the end of the contest, the old man announced that he had found the most extraordinary Halloween Pumpkin. It was Sofia's magical pumpkin. He had appreciated the creativity, the story, and the touch of magic that Sofia had added to her pumpkin.

Sofia was thrilled by the win, but she was also happy to see that all the other pumpkins had been appreciated. It was a contest of creativity and sharing, and everyone had contributed to making that Halloween night unforgettable.

The news of Sofia's victory spread quickly in town, and all the residents of Silent Falls came to see her magical pumpkin. It was a night of celebration, with singing and dancing around the pumpkin. The light of the pumpkin seemed even brighter that night, as if the magic had awakened.

The old man with the white beard approached Sofia and said, "You've done something truly special, little one. Your magical pumpkin has captured the hearts of all of us. It's a symbol of creativity and magic, and it reminds us that beauty can be found everywhere, even in a pumpkin."

That night, as the town celebrated, Sofia looked at her magical pumpkin with pride. She had discovered the magic of creativity and sharing, and had learned that even seemingly ordinary things could hide extraordinary secrets. It had been an unforgettable Halloween night, a night when she had brought magic to Silent Falls with her magical pumpkin.

And so, in every subsequent Halloween, Sofia continued to decorate her pumpkins uniquely and creatively. Each pumpkin told a new story of magic and mystery, and each year it attracted the attention and admiration of everyone. It had become a town tradition, a tradition that celebrated creativity and the hidden beauty in every Halloween pumpkin.

La Leggenda del Gatto Nero di Halloween

Nella piccola cittadina di Luna Notturna, la notte di Halloween era un evento molto speciale. La città era famosa per le sue tradizioni uniche legate a questa festa. Tra tutte, c'era una leggenda particolarmente affascinante: la leggenda del Gatto Nero di Halloween.

Si diceva che molti secoli fa, durante una notte di Halloween particolarmente oscura e tempestosa, un gatto nero era apparso misteriosamente nel centro di Luna Notturna. Il gatto era diverso da tutti gli altri: aveva occhi dorati che brillavano come stelle e un mantello nero come la notte. La sua presenza era straordinaria, e tutti erano convinti che portasse con sé una magia speciale.

Il gatto nero diventò rapidamente una figura leggendaria nella città. La gente lo vedeva aggirarsi tra le strade la notte di Halloween, come se stesse proteggendo la città da qualsiasi male. Alcuni credevano che il gatto fosse un messaggero tra il mondo dei vivi e il mondo dei morti, portando notizie e messaggi tra i due regni.

Nel corso dei secoli, la leggenda del Gatto Nero di Halloween crebbe sempre di più, e la sua figura divenne un simbolo di fortuna e di protezione per Luna Notturna. Le famiglie lo veneravano e lasciavano cibo e doni per lui durante la notte di Halloween, sperando di ottenere la sua benedizione.

Un anno, durante la notte di Halloween, una bambina di nome Isabella decise di avventurarsi alla ricerca del Gatto Nero. Aveva sentito parlare della leggenda dalla sua nonna e aveva deciso che era giunto il momento di scoprire se il gatto nero fosse reale. Isabella era una bambina coraggiosa e curiosa, con capelli neri come la notte e occhi scintillanti.

Prima del tramonto, Isabella preparò una piccola cesta con del cibo e alcune candele. Era pronta per partire alla ricerca del Gatto Nero di Halloween. La notte cadde su Luna Notturna, e la città si trasformò in un luogo magico e misterioso.

Isabella iniziò la sua ricerca nei vicoli bui e tra le case illuminate dalle lanterne di Halloween. Ogni tanto, poteva sentire un sibilo o un miagolio lontano, ma il gatto sembrava sfuggirle sempre. Si avventurò nel parco cittadino, dove alberi secolari e statue antiche si stagliavano in modo imponente.

Era mezzanotte quando Isabella si trovò di fronte a un piccolo viale alberato. La luna piena era alta nel cielo, e un vento leggero agitava le foglie degli alberi. Fu allora che vide qualcosa di straordinario: il Gatto Nero di Halloween, seduto tra le radici di un vecchio albero.

Il gatto aveva gli occhi dorati che brillavano intensamente, e sembrava aspettare qualcosa. Isabella si avvicinò con cautela e posò la cesta con il cibo e le candele davanti al gatto. Il gatto si avvicinò alla cesta e iniziò a mangiare, emettendo un miagolio gentile per ringraziarla.

Isabella si sedette accanto al gatto e iniziò a parlare con lui. Le raccontò della leggenda del Gatto Nero di Halloween e chiese se fosse davvero un messaggero tra i mondi. Il gatto sembrava ascoltarla attentamente, e i suoi occhi dorati brillavano di intelligenza.

Dopo un po', il gatto si alzò e si allontanò dall'albero. Isabella lo seguì mentre si avventuravano più a fondo nel parco. Arrivarono a un piccolo stagno, dove l'acqua rifletteva la luce della luna. Il gatto si fermò e iniziò a osservare attentamente lo stagno.

Isabella si chiese cosa il gatto stesse cercando, quando all'improvviso vide qualcosa emergere dall'acqua. Era un piccolo barattolo di vetro, e all'interno c'era un messaggio. Il gatto si chinò e prese il barattolo con una zampa, portandolo a Isabella.

Il messaggio all'interno del barattolo diceva: "Per trovare il tesoro, segui il Gatto Nero di Halloween." Isabella non poteva credere ai suoi occhi. Sembrava che il gatto avesse portato alla luce un indizio nascosto per una caccia al tesoro.

Isabella e il gatto decisero di seguire l'indizio. Attraversarono il parco, seguendo il percorso indicato nel messaggio. Lungo il cammino, trovarono altri indizi nascosti tra i fiori e le rocce. Era una caccia al tesoro straordinaria, e Isabella non avrebbe mai immaginato che il Gatto Nero di Halloween sarebbe diventato il suo compagno di avventure.

Finalmente, dopo aver seguito tutti gli indizi, Isabella e il gatto arrivarono in una radura circondata da alberi secolari. Al centro della radura c'era un antico baule di legno. Isabella aprì il baule e rimase senza parole. Conteneva una serie di piccoli tesori, tra cui monete d'oro, gioielli scintillanti e un antico libro di storie.

Isabella capì che il Gatto Nero di Halloween aveva portato alla luce un tesoro nascosto da secoli. Era un tesoro che raccontava storie di avventure e misteri, un tesoro che aveva unito Isabella e il gatto in una notte di Halloween magica.

Isabella decise di condividere il tesoro con gli abitanti di Luna Notturna. La notizia della caccia al tesoro si diffuse rapidamente, e la radura si riempì di gente curiosa. Tutti erano affascinati dalla leggenda del Gatto Nero di Halloween e dalla scoperta del tesoro.

Il vecchio con la barba bianca, che era stato giudice del concorso delle zucche di Halloween, si avvicinò a Isabella e disse: "Hai fatto qualcosa di straordinario, piccola. La tua avventura con il Gatto Nero di Halloween ha portato alla luce un tesoro nascosto e ha unito la nostra comunità in una notte di magia e mistero."

Quella notte, Luna Notturna festeggiò con gioia e gratitudine. La leggenda del Gatto Nero di Halloween divenne ancora più speciale, e il gatto divenne un simbolo di avventura e di condivisione. Isabella aveva scoperto che la magia di Halloween poteva essere trovata in modi imprevisti, e aveva imparato che le leggende potevano contenere verità sorprendenti.

Il Gatto Nero di Halloween continuò a vagare per Luna Notturna, portando con sé la sua aura di mistero e magia. Era diventato un compagno per tutti gli abitanti della città, e la leggenda continuò a crescere con ogni nuova generazione. Luna Notturna aveva trovato un tesoro speciale grazie a Isabella e al Gatto Nero di Halloween, un tesoro che avrebbe custodito per sempre.

The Legend of the Halloween Black Cat

In the small town of Night Moon, Halloween night was a very special event. The town was famous for its unique traditions related to this holiday. Among all of them, there was one particularly fascinating legend: the legend of the Halloween Black Cat.

It was said that many centuries ago, during a particularly dark and stormy Halloween night, a black cat had mysteriously appeared in the center of Night Moon. The cat was unlike any other: it had golden eyes that shone like stars and a coat as black as the night. Its presence was extraordinary, and everyone believed it carried a special kind of magic.

The Halloween Black Cat quickly became a legendary figure in the town. People would see it roaming the streets on Halloween night, as if it were protecting the town from any harm. Some believed that the cat was a messenger between the world of the living and the world of the dead, carrying news and messages between the two realms.

Over the centuries, the legend of the Halloween Black Cat grew, and its figure became a symbol of luck and protection for Night Moon. Families would venerate it and leave food and offerings for the cat on Halloween night, hoping to receive its blessings.

One year, during Halloween night, a girl named Isabella decided to venture out in search of the Halloween Black Cat. She had heard about the legend from her grandmother and decided it was time to find out if the black cat was real. Isabella was a brave and curious girl, with hair as black as the night and sparkling eyes.

Before sunset, Isabella prepared a small basket with food and some candles. She was ready to set out in search of the Halloween Black Cat. Night fell on Night Moon, and the town transformed into a magical and mysterious place.

Isabella began her search through dark alleys and among houses illuminated by Halloween lanterns. Every now and then, she could hear a hiss or a distant meow, but the cat always seemed to elude her. She ventured into the town park, where ancient trees and statues stood imposingly.

It was midnight when Isabella found herself in front of a small tree-lined avenue. The full moon was high in the sky, and a gentle breeze rustled the leaves of the trees. It was then that she saw something extraordinary: the Halloween Black Cat, sitting among the roots of an old tree.

The cat had golden eyes that shone brightly, and it seemed to be waiting for something. Isabella approached cautiously and placed the basket with food and candles in front of the cat. The cat came closer to the basket and began to eat, emitting a gentle meow as a sign of gratitude.

Isabella sat down next to the cat and began to talk to it. She told it about the legend of the Halloween Black Cat and asked if it was indeed a messenger between the worlds. The cat seemed to listen attentively, and its golden eyes shone with intelligence.

After a while, the cat got up and walked away from the tree. Isabella followed it as they ventured deeper into the park. They arrived at a small pond where the water reflected the moonlight. The cat stopped and began to observe the pond carefully.

Isabella wondered what the cat was looking for when suddenly she saw something emerging from the water. It was a small glass jar, and inside it was a message. The cat reached down and took the jar with a paw, bringing it to Isabella.

The message inside the jar read: "To find the treasure, follow the Halloween Black Cat." Isabella couldn't believe her eyes. It seemed that the cat had brought to light a hidden treasure hunt clue.

Isabella and the cat decided to follow the clue. They crossed the park, following the path indicated in the message. Along the way, they found more clues hidden among the flowers and rocks. It was an extraordinary treasure hunt, and Isabella had never imagined that the Halloween Black Cat would become her adventure companion.

Finally, after following all the clues, Isabella and the cat arrived in a clearing surrounded by ancient trees. In the center of the clearing was an old wooden chest. Isabella opened the chest and was left speechless. It contained a series of small treasures, including gold coins, sparkling jewels, and an ancient book of stories.

Isabella realized that the Halloween Black Cat had brought to light a treasure hidden for centuries. It was a treasure that told stories of adventures and mysteries, a treasure that had united Isabella and the cat in a magical Halloween night.

Isabella decided to share the treasure with the residents of Night Moon. The news of the treasure hunt spread quickly, and the clearing was filled with curious people. Everyone was fascinated by the legend of the Halloween Black Cat and the discovery of the treasure.

The old man with the white beard, who had been a judge in the Halloween Pumpkin contest, approached Isabella and said, "You've done something extraordinary, young one. Your adventure with the Halloween Black Cat has unearthed a hidden treasure and brought our community together on a night of magic and mystery."

That night, Night Moon celebrated with joy and gratitude. The legend of the Halloween Black Cat became even more special, and the cat became a symbol of adventure and sharing. Isabella had discovered that the magic of Halloween could be found in unexpected ways, and she had learned that legends could contain surprising truths.

The Halloween Black Cat continued to roam Night Moon, carrying with it an aura of mystery and magic. It had become a companion for all the town's residents, and the legend continued to grow with each new generation. Night Moon had found a special treasure thanks to Isabella and the Halloween Black Cat, a treasure it would treasure forever.

Il Mistero della Casa Abbandonata di Halloween

Era la notte di Halloween nella piccola cittadina di Willowbrook. La luna splendeva nel cielo stellato, e le case erano decorate con zucche illuminate e fantasmi spaventosi. I bambini si stavano preparando per il loro giro annuale di dolcetto o scherzetto, ma c'era una casa che avevano sempre evitato: la misteriosa Casa Abbandonata.

La Casa Abbandonata si ergeva al limite della cittadina, circondata da un fitto bosco. Era una vecchia dimora vittoriana, con finestre rotte e pareti scrostate. La gente di Willowbrook diceva che la casa fosse stregata, che vi abitasse un fantasma spaventoso. Nessuno sapeva la verità, ma tutti evitavano la Casa Abbandonata.

Tuttavia, c'era una ragazzina coraggiosa di nome Emily che non credeva alle storie spaventose. Emily aveva undici anni, i capelli rossi come le foglie d'autunno e occhi curiosi. Era decisa a scoprire cosa si nascondeva dietro le porte della Casa Abbandonata.

Per mesi, Emily aveva studiato la storia della casa nella biblioteca locale. Aveva scoperto che un tempo apparteneva a una famiglia felice, ma era stata abbandonata improvvisamente molti anni prima, senza una spiegazione. Nessuno sapeva cosa fosse successo alla famiglia o perché la casa fosse stata lasciata in uno stato di rovina.

La notte di Halloween, Emily decise che era il momento di affrontare la Casa Abbandonata. Si era preparata per l'occasione, indossando un cappotto caldo e portando una lanterna. Aveva anche preparato una borsa con cibo, acqua e una fotocamera per catturare eventuali prove di ciò che avrebbe trovato.

Prima di partire per la Casa Abbandonata, Emily andò a trovare sua nonna. Le raccontò del suo piano e chiese consiglio. La nonna, una donna saggia con i capelli grigi come la luna, le diede un vecchio amuleto a forma di chiave. "Questo amuleto ti proteggerà, cara Emily," disse la nonna. "Ma ricorda, il coraggio è la tua migliore difesa."

Emily accettò l'amuleto con gratitudine e lo indossò intorno al collo. Poi, si incamminò verso la Casa Abbandonata. La strada era oscura e silenziosa, ma Emily non provava paura. Era determinata a scoprire la verità sulla casa e forse, se fosse stata fortunata, avrebbe trovato una pista sulla famiglia misteriosamente scomparsa.

Quando Emily arrivò alla Casa Abbandonata, vide la sua imponente facciata illuminata solo dalla luce debole della sua lanterna. Era una vista spettrale, ma Emily si sentiva pronta. Con passo deciso, si avvicinò alla porta d'ingresso.

La porta cigolò mentre Emily la spalancava. Entrò con cautela nella casa, il pavimento scricchiolante sotto i suoi passi. Le pareti erano coperte di muffa e ragnatele, e sembrava che la casa fosse rimasta intatta dagli anni passati. Emily si chiese perché nessuno avesse mai cercato di restaurarla.

Iniziò a esplorare la casa stanza dopo stanza. Ogni stanza era piena di mobili coperti da lenzuola polverose e vecchi ritratti sbiaditi appesi alle pareti. Sembrava che la famiglia avesse lasciato tutto alle spalle in fretta. Emily si chiese ancora cosa fosse successo.

Mentre esplorava il secondo piano, Emily notò una porta chiusa a chiave. Era l'unica porta che sembrava non essere stata aperta da anni. Sapeva che doveva scoprire cosa si nascondeva dietro di essa.

Emily tornò al piano di sotto e iniziò a cercare una chiave. Passò ore tra le stanze, scrutando ogni angolo, finché finalmente trovò una vecchia chiave arrugginita in un cassetto della cucina. Era la chiave giusta.

Con la chiave in mano, Emily tornò al secondo piano e aprì la porta. La stanza era diversa da tutte le altre. Era spoglia, senza mobili o decorazioni, e il pavimento era coperto da una strana polvere luccicante. Emily si chiese cosa potesse essere.

Mentre esplorava la stanza, Emily vide un antico scrigno in un angolo. Lo aprì con cura e vi trovò una serie di lettere e di vecchie fotografie. Erano lettere d'amore, indirizzate a un uomo di nome Samuel, e fotografie di una famiglia felice. Sembrava che Samuel fosse l'ultimo residente della Casa Abbandonata, e che avesse nascosto le sue lettere d'amore e le fotografie per qualche motivo.

Emily iniziò a leggere le lettere, e scoprì che Samuel aveva perso la sua amata moglie, Clara, in un terribile incidente. La sua tristezza era palpabile nelle parole delle lettere, e sembrava che avesse chiuso il mondo fuori dalla sua vita. Emily si chiese se

Samuel fosse ancora vivo e se fosse lui il fantasma che tutti temevano.

Mentre Emily continuava a esplorare la stanza, vide un piccolo cassetto nascosto sotto un tavolo. Lo aprì e vi trovò una chiave dorata, diversa da tutte le altre chiavi che aveva visto in casa. Era una chiave speciale, e aveva il presentimento che avrebbe portato a qualcosa di importante.

Decise di tornare al piano di sotto e cercare la serratura che corrispondeva alla chiave dorata. Dopo una lunga ricerca, finalmente la trovò. Era una porta segreta nel seminterrato, nascosta dietro un vecchio armadio. La chiave dorata si inserì perfettamente nella serratura, e la porta si aprì lentamente.

Emily scese nel seminterrato buio, illuminato solo dalla sua lanterna. La stanza sembrava essere una sorta di laboratorio o studio. C'erano scaffali pieni di libri antichi e strani oggetti. Nel centro della stanza c'era un tavolo coperto da una tovaglia polverosa.

Sotto la tovaglia, Emily scoprì un quaderno di appunti aperto. Era il diario di Samuel. Iniziò a leggere le pagine ingiallite e scoprì la verità sulla Casa Abbandonata.

Samuel aveva sperimentato con l'occulto e la magia nera nel tentativo di riportare in vita sua moglie, Clara. Aveva cercato incantesimi e rituali disperati, ma niente aveva funzionato. Alla fine, aveva trovato un incantesimo che prometteva di riportare in vita i morti, ma il prezzo era terribile.

Samuel aveva firmato un patto oscuro con un'entità maligna, promettendo la sua anima in cambio del ritorno di Clara. Ma quando aveva tentato di eseguire l'incantesimo, qualcosa era andato terribilmente storto. Clara era tornata in vita, ma non era più la donna che aveva amato. Era un essere malvagio e vendicativo.

Il diario di Samuel raccontava di come aveva cercato di imprigionare l'anima di Clara nella Casa Abbandonata per proteggere il mondo esterno dal suo male. Ma Clara aveva cercato di sfuggire, e Samuel aveva chiuso tutte le porte, cercando di tenerla prigioniera nel seminterrato.

Emily era scioccata dalla storia. Clara era ancora intrappolata nella Casa Abbandonata, e Samuel era scomparso nel tentativo di fermarla. Si chiese se avrebbe potuto aiutare Clara a trovare la pace.

Decise di esplorare ulteriormente il seminterrato e scoprì una serie di incantesimi e protezioni che Samuel aveva preparato per tenere lontana Clara. Ma sembrava che le protezioni si stessero indebolendo nel corso degli anni, e Clara avesse cominciato a cercare un modo per sfuggire.

Emily sapeva che doveva trovare un modo per aiutare Clara a trovare la pace e per sconfiggere l'entità malvagia con cui Samuel aveva fatto il patto. Tornò al piano di sopra e iniziò a cercare un libro sugli incantesimi di protezione.

Mentre cercava tra gli scaffali, Emily sentì un rumore provenire dal seminterrato. Sembrava che qualcuno o qualcosa stesse cercando di uscire. La porta segreta si stava aprendo da sola, e Clara era lì, con gli occhi scintillanti di rabbia.

Emily sapeva che doveva agire velocemente. Prese il libro degli incantesimi di protezione e iniziò a pronunciare le parole di un incantesimo. La stanza tremò, e Clara fu respinta all'indietro. Le protezioni si rafforzarono, e la porta segreta si chiuse di nuovo.

Clara era furiosa, ma Emily sapeva che doveva sconfiggerla. Trovò un incantesimo ancora più potente nel libro e si preparò a lanciarlo. Clara cercò di avvicinarsi nuovamente, ma l'incantesimo la respinse ancora più lontano. Emily pronunciò le parole con determinazione, e Clara fu imprigionata nuovamente nel seminterrato.

Emily sapeva che doveva trovare un modo per porre fine all'entità maligna che minacciava Clara. Tornò al diario di Samuel e iniziò a cercare una soluzione. Scoprì che l'entità aveva un nome, "Maledicente," e poteva essere sconfitta solo con un antico incantesimo di sigillo.

Emily lavorò duramente, cercando le informazioni necessarie e preparando gli ingredienti per l'incantesimo. Aveva il coraggio di affrontare il male che aveva minacciato la Casa Abbandonata per così tanti anni.

Quando finalmente tutto fu pronto, Emily si diresse nuovamente nel seminterrato. Aprì la porta segreta e vide Clara, ancora prigioniera. Le disse delle sue scoperte e del suo piano per sconfiggere il Maledicente.

Clara annuì con gratitudine e le disse di procedere. Emily pronunciò le parole dell'incantesimo, e il seminterrato fu pervaso da una luce dorata. Clara iniziò a trasformarsi, e l'entità del Maledicente iniziò a urlare di rabbia.

Ma alla fine, l'incantesimo ebbe successo. Il Maledicente fu imprigionato in una sfera di luce dorata, e Clara fu finalmente liberata dal suo male. Le pareti della Casa Abbandonata smisero di gemere, e la casa sembrò rinascere.

Clara ringraziò Emily con lacrime di gioia e disse che ora poteva trovare la pace. Emily sapeva che la Casa Abbandonata non sarebbe più stata un luogo misterioso e spaventoso, ma un luogo di rinascita.

La notizia della sconfitta del Maledicente si diffuse rapidamente in città, e la Casa Abbandonata divenne un luogo di celebrazione. La gente di Willowbrook smise di considerarla come un luogo stregato e iniziò a restaurarla con amore. La casa tornò al suo antico splendore, e diventò un luogo di festa e di ritrovo per la comunità.

Emily aveva sconfitto il male e aveva riportato la pace nella Casa Abbandonata. La notte di Halloween non fu più una notte di paura, ma una notte di celebrazione e di rinascita. La Casa Abbandonata aveva riacquistato la sua antica bellezza e il suo fascino, e la leggenda spaventosa era ormai solo un lontano ricordo.

Emily aveva dimostrato che il coraggio poteva sconfiggere il male, e che dietro ogni mistero c'era una verità da scoprire. La notte di Halloween a Willowbrook divenne ancora più speciale, e la Casa Abbandonata divenne un simbolo di rinascita e di speranza. Emily aveva fatto la differenza in una notte di paura, e aveva reso il mondo un posto migliore.

The Mystery of the Abandoned Halloween House

It was Halloween night in the small town of Willowbrook. The moon shone in the starry sky, and the houses were adorned with illuminated pumpkins and spooky ghosts. Children were getting ready for their annual trick-or-treating, but there was one house they had always avoided: the mysterious Abandoned House.

The Abandoned House stood on the outskirts of town, surrounded by a dense forest. It was an old Victorian mansion with broken windows and peeling walls. The people of Willowbrook claimed the house was haunted, that a terrifying ghost dwelled within. No one knew the truth, but everyone steered clear of the Abandoned House.

However, there was one brave girl named Emily who didn't believe in the scary stories. Emily was eleven years old, with hair as red as autumn leaves and curious eyes. She was determined to uncover what lay behind the doors of the Abandoned House.

For months, Emily had researched the house's history at the local library. She had discovered that it once belonged to a happy family but had been abruptly abandoned many years ago, with no explanation. No one knew what had happened to the family or why the house had been left in a state of decay.

On Halloween night, Emily decided it was time to confront the Abandoned House. She had prepared herself for the occasion, wearing a warm coat and carrying a lantern. She also packed a bag with food, water, and a camera to capture any evidence of what she might find.

Before heading to the Abandoned House, Emily visited her grandmother. She told her of her plan and asked for advice. Her grandmother, a wise woman with hair as gray as the moon, gave her an old key-shaped amulet. "This amulet will protect you, dear Emily," her grandmother said. "But remember, courage is your best defense."

Emily accepted the amulet with gratitude and wore it around her neck. Then, she set out for the Abandoned House. The road was dark and silent, but Emily felt no fear. She was determined to uncover the truth about the house and perhaps, if she were lucky, find a clue about the mysteriously vanished family.

When Emily arrived at the Abandoned House, she saw its imposing façade illuminated only by the weak light of her lantern. It was a ghostly sight, but Emily felt ready. With determined steps, she approached the front door.

The door creaked as Emily pushed it open. She entered the house cautiously, and the creaky floor groaned under her steps. The walls were covered in mold and cobwebs, and it seemed like the house had remained untouched for years. Emily wondered why no one had ever attempted to restore it.

She began to explore the house room by room. Each room was filled with covered furniture and faded old portraits hanging on the walls. It seemed as though the family had left everything behind in a hurry. Emily continued to wonder what had transpired.

As she ventured to the second floor, Emily noticed a locked door. It was the only door that seemed not to have been opened for years. She knew she had to find out what lay behind it.

Emily returned to the ground floor and began searching for a key. She spent hours moving through the rooms, examining every corner, until she finally found an old rusty key in a kitchen drawer. It was the right key.

With the key in hand, Emily returned to the second floor and opened the door. The room was unlike any other. It was bare, with no furniture or decorations, and the floor was covered in a strange glittering dust. Emily wondered what it could be.

As she explored the room, Emily noticed an old chest in a corner. She opened it carefully and found a collection of letters and old photographs. They were love letters addressed to a man named Samuel and photographs of a happy family. It seemed that Samuel was the last resident of the Abandoned House, and he had hidden his love letters and photographs for some reason.

Emily began to read the letters and discovered that Samuel had lost his beloved wife, Clara, in a tragic accident. His sorrow was palpable in the words of the letters, and it seemed like he had shut the world out of his life. Emily wondered if Samuel was still alive and if he were the ghost everyone feared.

While Emily continued to explore the room, she noticed a small drawer hidden under a table. She opened it and found a golden key, unlike any other key she had seen in the house. It was a special key, and she had a feeling it would lead to something important.

She decided to return to the ground floor and search for the lock that corresponded to the golden key. After a long search, she finally found it. It was a secret door in the basement, hidden behind an old wardrobe. The golden key fit perfectly into the lock, and the door opened slowly.

Emily descended into the dark basement, illuminated only by her lantern. The room appeared to be some sort of laboratory or study. Shelves were filled with old books and strange objects. In the center of the room was a table covered with a dusty cloth.

Beneath the cloth, Emily discovered an open notebook. It was Samuel's diary. She began to read the yellowed pages and uncovered the truth about the Abandoned House.

Samuel had experimented with the occult and black magic in an attempt to bring his wife, Clara, back to life. He had sought desperate spells and rituals, but nothing had worked. In the end, he had found a spell that promised to bring the dead back to life, but the price was terrible.

Samuel had made a dark pact with an evil entity, promising his soul in exchange for Clara's return. But when he had attempted to perform the spell, something had gone terribly wrong. Clara had come back to life, but she was no longer the woman he had loved. She had become a malevolent and vengeful being.

Samuel's diary told of how he had tried to imprison Clara's soul in the Abandoned House to protect the outside world from her malevolence. But Clara had tried to escape, and Samuel had closed all the doors, trying to keep her locked in the basement.

Emily was shocked by the story. Clara was still trapped in the Abandoned House, and Samuel had disappeared in his attempt to stop her. She wondered if she could help Clara find peace.

She decided to explore further into the basement and discovered a series of spells and protections that Samuel had prepared to keep Clara at bay. But it seemed that the protections were weakening over the years, and Clara had started to seek a way to escape.

Emily knew she had to find a way to help Clara find peace and to defeat the evil entity with whom Samuel had made a pact. She returned to the ground floor and began searching for a book on protection spells.

As she searched through the shelves, Emily heard a noise coming from the basement. It sounded like someone or something was trying to get out. The secret door was opening by itself, and Clara was there, her eyes gleaming with anger.

Emily knew she had to act quickly. She found the book of protection spells and began to recite the words of a spell. The room trembled, and Clara was pushed backward. The protections grew stronger, and the secret door closed once more.

Clara was furious, but Emily knew she had to defeat her. She found an even more powerful spell in the book and prepared to cast it. Clara tried to approach again, but the spell pushed her even farther away. Emily recited the words with determination, and Clara was imprisoned once again in the basement.

Emily knew she had to find a way to end the malevolent entity that threatened Clara. She returned to Samuel's diary and began to search for a solution. She discovered that the entity had a name, "The Malevolent," and could only be defeated with an ancient seal spell.

Emily worked diligently, searching for the necessary information and preparing the ingredients for the spell. She had the courage to face the evil that had threatened the Abandoned House for so many years.

When everything was finally ready, Emily ventured back into the basement. She opened the secret door and saw Clara, still imprisoned. She told her about her discoveries and her plan to defeat The Malevolent.

Clara nodded with gratitude and urged her to proceed. Emily recited the words of the spell, and the basement was filled with a golden light. Clara began to transform, and The Malevolent began to scream with rage.

But in the end, the spell succeeded. The Malevolent was trapped within a sphere of golden light, and Clara was finally freed from its malevolence. The walls of the Abandoned House stopped groaning, and the house seemed to come back to life.

Clara thanked Emily with tears of joy and said that she could now find peace. Emily knew that the Abandoned House would no longer be a mysterious and frightening place but a place of rebirth.

The news of The Malevolent's defeat quickly spread through town, and the Abandoned House became a place of celebration. The people of Willowbrook stopped seeing it as a haunted place and began to restore it with love. The house returned to its former glory and became a place for community gatherings and celebrations.

Emily had defeated evil and brought peace to the Abandoned House. Halloween night was no longer a night of fear, but a night of celebration and rebirth. The Abandoned House had regained its old beauty and charm, and the scary legend was now just a distant memory.

Emily had proven that courage could overcome evil, and that behind every mystery, there was a truth to be uncovered. Halloween night in Willowbrook became even more special, and the Abandoned House became a symbol of rebirth and hope. Emily had made a difference on a night of fear and had made the world a better place.